# THÉORIE

DU

# SUFFRAGE UNIVERSEL

(Mémoire présenté au Concours pour le prix André-Pasquet)

PAR

## J.-A. TARDIF.

MARSEILLE

IMPRIMERIE COMMERCIALE F. CANQUOIN

10, Rue Venture, 10.

—

1868.

# PRÉFACE

Je dois au public quelques explications sur l'opuscule qu'on va lire.

Vers le milieu du mois de mars dernier, un avis, inséré dans je ne sais plus quel journal, me tomba sous les yeux et j'appris que le concours pour le prix fondé par M. E. André Pasquet (2000 francs destinés au meilleur mémoire sur le suffrage) serait fermé le premier avril.

Il me prit fantaisie de me mettre sur les rangs et, sans connaître ni les termes du sujet, ni le programme à remplir, j'écrivis ce que j'ai intitulé pompeusement : *Théorie du suffrage universel.*

J'adressai mon manuscrit dans le délai voulu et j'attendis.

Depuis lors, je n'ai plus entendu parler du concours ni du prix ; le premier a-t-il eu lieu et le second a-t-il été décerné ? Je l'ignore ; tout ce que je sais, c'est que j'ai écrit une lettre pour obtenir restitution de mon manuscrit et que j'attends encore la réponse.

En raison de ce silence — que je ne m'explique pas — je me suis décidé, à l'aide de quelques brouillons, de recomposer mon œuvre, prenant à tâche de conserver le plus exactement possible le texte primitif.

J'avais choisi deux juges pour décider du mérite de mon travail : la commission d'examen du concours et le public. La première ne s'étant pas prononcée, je m'adresse au second.

Eu égard au contenu de ce petit livre, le titre est trop prétentieux ; d'abord pour donner une théorie parfaite du suffrage il faudrait ne pas se borner à la pratique d'aujourd'hui, mais embrasser tout ce qui tient à la hiérarchie sociale, sans quoi l'étude est incomplète, elle ne traite pas du suffrage universel, elle traite du suffrage restreint et réduit à des proportions infinitésimales.

Prochainement je me propose de donner une suite à cette première étude, alors j'embrasserai le suffrage universel dans toute son acception et suivant la mesure de mon faible talent ; momentanément je n'ai voulu donner que la copie exacte du sujet envoyé au concours.

# THÉORIE

DU

# SUFFRAGE UNIVERSEL

Il y a peut-être quelque témérité, après tant d'esprits d'élite qui ont écrit sur la matière, d'essayer de donner une théorie de cette formidable machine qu'on appelle le suffrage universel.

Jamais plus rude tâche n'avait été imposée à un écrivain.

De quel droit, moi chétif et obscur, viens-je tenter d'éclairer mes contemporains et entreprendre de donner une solution à ce grand problème ?

Du droit de tout citoyen qui apporte son appréciation, sa pensée, et qui, quelqu'humble qu'il soit, peut, dans une certaine mesure, juger d'une situation. Je ne donne mon travail que pour ce qu'il vaut et ne prétends pas avoir trouvé la pierre philosophale en matière politique.

Que la commission juge et, après elle le public et, quelle que soit la sentence qui s'en suivra, je ne me sentirai ni humilié ni enorgueilli parce que je me serai plus ou moins approché du but proposé.

Ces restrictions faites entrons en matière.

D'abord qu'est-ce que le suffrage universel ?

C'est la souveraineté d'une nation confiée à elle-même ; c'est la transformation, à un moment donné, du citoyen en homme d'État, devenant Juge des affaires de son pays ; c'est la partie dirigée et gouvernée devenant sa propre gouvernante et sa propre directrice; c'est la grande Voix du Peuple dominant les clameurs, posant son veto et imposant sa volonté.

Le suffrage renferme tout cela sous peine d'être sans signification, sans portée, impuissant à produire le moindre résultat.

Il est certain que si l'on ne considère le suffrage que comme le piédestal sur lequel viennent se faire épauler quelques personnalités il n'a pas de raison d'être et autant vaudrait se confier à la providence, à la destinée, à la bonne fortune ou au bon vouloir de ceux qui occupent les premiers rangs dans l'échelle sociale. Ce ne serait pas la peine de nous occuper de choses qui n'auraient aucun intérêt pour nous.

Mais certes ce n'est pas là mon sentiment, et si jusqu'à ce jour il est demeuré sans effet, c'est que ne se connaissant pas, ne se sentant pas, sans boussole de reconnaissance, sans pilotes, comme un navire abandonné à lui-même, il a vogué dans les mers sans ond du doute et de l'incertitude, battu par les flots de toutes les réactions.

Aujourd'hui encore, malgré les efforts d'un petit nombre, la lumière ne s'est pas faite. Mais vienne un éclair, un rayon quelconque, et, j'en suis certain, il prendra le rang que lui assigne l'histoire, le monde entier s'inclinera devant lui.

Si le peuple abandonnait la suprématie qu'il peut toujours revendiquer par le suffrage, il abdiquerait sa souveraineté ; souveraineté acquise par tant de luttes, d'efforts et de souffances, souveraineté que lui garantissent nos diverses révolutions , souveraineté qu'on ne peut plus lui enlever sous peine de lèse-majesté nationale et de trahison, souveraineté qui lui appartient par droit de naissance avant de lui appartenir par droit de conquête, souveraineté qui lui avait été confisquée par l'astuce et la force brutale. Un pas en arrière, la moindre rétrogradation sur cette institution d'ordre et de salut public, pierre angulaire de notre édifice social, mettrait la société en péril. C'en serait fait de tous les progrès politiques accomplis jusqu'à notre époque.

La vie d'un peuple en est à ce prix.

Où se trouvent les hommes, grands ou petits, riches ou pauvres savants ou ignorants, qui veulent assumer une pareille responsabilité devant l'histoire ? Qu'ils se présentent, qu'ils viennent à la barre de l'opinon publique, et si les pavés ne se soulèvent pas pour les engloutir c'est que notre génération castrate aura perdu tout sentiment de Justice !

Le suffrage universel , quels que soient ses tâtonnements et ses erreurs, nous appartient, il fait partie de notre droit individuel ; pouvons-nous le laisser déchoir ? Pouvons-nous sans encourir le blâme de la postérité, nous en dessaisir ? Ne devons-nous pas le transmettre à nos descendants, je ne dirai pas intact, mais perfec-

tionné dans son application , dans la plénitude de son fonctionne-
ment? Ce devoir le remplissons-nous dans la mesure de nos moyens
et de nos ressources ?

C'est ce qu'il s'agit d'examiner.

Je sais qu'en l'état actuel des choses, il est difficile d'obtenir
la pensée concrète qui devrait être l'expression même du scrutin ;
je sais que la direction imprimée par le pouvoir sous forme de
patronat, tenant ainsi en tutelle la masse des électeurs, empêche
la manifestation de la pensée nationale ; je sais que les citoyens
empêchés de se voir, de se concerter, de s'entendre, livrent à ceux
qui tiennent la tutelle, ou à l'intrigue des partis et l'aristocratie
du capital l'expression finale du scrutin ; je sais que la multitude
indolente, frappée d'atonie et de stérilité, assiste impassible à la
lutte comme si cela ne la regardait pas ; je sais que le serment
préalable enlève au suffrage son caractère austère et sacré, que
le principe se trouvant atteint trébuche à tel point qu'on en est
à se demander si, en vertu même du principe, il n'y a pas lieu de
s'abstenir ;

Je sais etc., etc.

Mais enfin n'y a-t-il rien à faire pour sortir de cet imbroglio ?

N'y a-t-il qu'à se croiser les bras et attendre ?

L'abstention a été préconisée par un grand penseur, pour
lequel je professe le plus profond respect, mais actuellement est-
elle praticable ? La masse électorale est-elle apte à comprendre
la haute signification du vote en blanc ?

Que l'on réponde affirmativement à ces deux questions et je
chanterai bien haut les louanges du bulletin immaculé, je le
déclarerai le plus pur, le plus rationnel, le moins sujet à erreur,
le plus significatif, le plus imposant , celui qui commanderait au
pouvoir sa ligne de conduite, enfin celui qui, mieux que tout autre,
à l'heure présente, exprimerait la pensée collective et démon-
trerait la répugnance du peuple pour l'assermentation et son désir
des libertés publiques.

Malheureusement cela ressemble à de la politique platonique,
et, pour mon compte, j'avoue que je serais très embarrassé si
j'avais à répondre à un ouvrier quelconque qui m'adresserait la
question suivante : Je suis disposé à voter le mieux possible, mais
comment pouvez-vous m'engager à porter un bulletin blanc ? Il
s'agit en ma qualité d'électeur de déléguer mes pouvoirs à un
mandataire pour contrôler les affaires de l'Etat et vous voulez
que je dépose un bulletin blanc ? Un petit carré de papier pourra-
t-il éplucher et réviser des chiffres ?

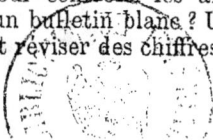

Je comprends aisément que Proudhon écrivant sur cette matière soit arrivé de déduction en déduction, et poussé par une inflexible logique, à cette solution fatale. Ceci est bon pour le penseur et le philosophe, mais pour faire admettre une telle théorie il faudrait que l'éducation politique du peuple fût faite, or, c'est triste à dire, il n'en connaît pas encore l'A B C.

Pour le moment il faut faire de la politique terre à terre, appelant peu à peu les aveugles à la lumière, et quand ce travail d'initiation sera fait, ce sera le moment de prendre le principe au pied de la lettre et en exiger l'application dans toute sa pureté.

Mais momentanément que faut-il ? appeler le plus de citoyens à l'urne, leur apprendre à bégayer le langage politique, dissiper chez eux la peur, faire disparaître la défiance qui règne, en un mot, les former à leur rôle de citoyens.

Que le suffrage universel, encore à l'état chaotique, inconscient de sa force et de sa destinée, n'ait donné jusqu'à ce jour que des résultats illusoires et éphémères, je le conçois, mais peut-il être justiciable de ses fautes et de ses erreurs? Peut-on raisonnablement l'accuser ? C'est comme si l'on admonestait un enfant de huit ans qui, allant depuis huit jours à l'école, ne connaîtrait pas son grec et son latin. Serait-ce le cas de le retirer de l'école, le déclarant incapable et inintelligent ?.....

Et puis le suffrage est sujet à révision, modification et progrès. Il détruit aujourd'hui ce qu'il a fait hier, démontrez, vous ses instructeurs, que ce qu'il a fait est mal fait, il est plus que probable que si la leçon a été profitable il reviendra sur sa faute.

L'éducation du peuple est longue à faire, il faut de la patience, encore de la patience et toujours de la patience. Le meilleur bon vouloir vient se heurter à toutes sortes de difficultés.

Puisque le suffrage est encore incompris, c'est le cas de l'étudier dans ses notions préliminaires et tâcher de commencer l'éducation des électeurs.

## Quel est le moyen le plus sûr d'assurer la franchise et la sincérité du Suffrage?

Telle est, ou à peu près, la question posée et mise en concours par des hommes dévoués et intelligents.

La poser c'est en reconnaître l'utilité et l'urgence ;

C'est appeler l'attention de tous les intéressés, et partant la résoudre à demi ;

La poser et, pendant un an la laisser mûrir dans l'opinion, c'est lui préparer une solution plus efficace.

Jamais proposition n'avait été faite plus à propos. A la veille d'une campagne électorale inévitable, dans l'état de torpeur où se trouve le public, c'est le cas de remuer la fibre nationale et d'arracher du scrutin tout ce qu'il peut contenir de dévouement, de patriotisme et de progrès.

Revenons à la question posée, quel est le moyen, etc.

Je réponds hardiment qu'en l'état actuel des choses il ne peut y avoir franchise parfaite. Sans la liberté de réunion, sans la liberté de la presse, à la merci de l'intrigue, il est impossible qu'il ne soit pas entâché de corruption.

Il n'y a donc lieu qu'à rechercher le moyen de s'en approcher le plus.

A mon avis, le moyen le plus efficace, d'assurer jusqu'à un certain point la sincérité du vote, c'est de donner quelques formules ou définitions, simples et saisissantes, n'exigeant ni travail ni étude, à la portée de la classe ouvrière, rurale ou citadine.

Peu rompue aux subtilités du style, la classe travailleuse ne peut distinguer entre les bons et les mauvais conseillers dans le journalisme. S'en réfèrera-t-elle à la brochure ? A coup sûr elle ne perdra rien à lire brochures et journaux, mais a-t-elle le temps, les aptitudes voulues pour bien discerner ?

Il est évident que plus on initiera les hommes à leurs droits et leurs devoirs, moins ils se laisseront conduire par des mains occultes.

Mais à travers ce labyrinthe de journaux, opuscules, brochures, pamphlets, il faut un fil d'Ariane, une sorte de balancier : tant que l'électeur n'aura pas compris les questions traitées par la presse il s'en tiendra à la formule primitive.

Voilà ce que je crois être le commencement de l'éducation politique.

Mais, avant de donner les définitions sur lesquelles repose toute mon argumentation , comme le mal ne vient pas tout entier de l'ignorance des classes laborieuses, je crois utile d'adresser quelques paroles à la classe bourgeoise, celle qui prend à honneur de diriger le mouvement électoral.

Quelle part a été faite jusqu'à ce jour à la classe ouvrière ?

Par qui est-elle représentée ?

On a beau dire que Messieurs tels ou tels, dont les idées sont très-avancées, sont les défenseurs du travail. D'abord je ne vois guère en quoi cette assertion est vraie, mais en admettant même qu'elle le fût, cela ne suffit pas. Il y va de la dignité d'une classe, surtout quand elle est la plus nombreuse, d'avoir des siens en chair et en os partout où peuvent s'agiter des questions qui l'intéressent.

Il faut qu'à l'avenir la Bourgeoisie, si elle veut se montrer pratique, si elle veut détruire l'accusation qui lui est faite de ne travailler qu'à des ambitions personnelles, si elle veut se montrer à la hauteur de son mandat révolutionnaire, si elle veut cimenter le pacte qu'elle a contracté à diverses reprises et aux heures solennelles avec le prolétariat, il faut qu'elle tienne compte du grand nombre, qu'elle lui accorde sa part d'initiative, qu'elle ne cherche pas à l'humilier en dédaignant et conspuant ses candidats.

Une scission, plus profonde qu'elle ne paraît à la surface, existe entre la bourgeoisie et la plèbe, et, je le dis à regret, la faute n'en est pas à la classe la plus ignorante. La bourgeoisie, manquant de tact et de sens pratique, a cru enrayer le mouvement électoral et s'en appropier le résultat final, imitant en ceci le Pouvoir qui croirait manquer à son devoir s'il négligeait de lui imprimer une direction sous prétexte de l'éclairer.

Les candidats bourgeois, choisis à l'insu de la classe ouvrière, ressemblent à une contre-façon des candidats officiels. Ceux-ci ont suscité ceux-là, je l'admets, mais il n'en est pas moins vrai qu'ils ont su profiter d'une situation anormale, sans aucune compensation pour la classe ouvrière.

Que les bourgeois donc qui souhaitent sincèrement le retour de nos libertés perdues, que ceux d'entr'eux qui veulent voir le peuple renaître à la vie politique, prennent l'initiative, qu'ils se rapprochent des classes travailleuses, plus tard il ne serait plus temps ; un abîme les séparerait.

J'ai dit plus haut qu'il fallait parler une langue intelligible aux simples, aux déshérités de la fortune et privés d'éducation.

En tant qu'il me sera possible je vais tenir ma promesse. J'ai peut-être quelques droits de parler leur langage et me faire comprendre d'eux. Ayant passé mes premières années dans la vie pastorale et agricole, j'ai conservé les mœurs, les habitudes, le langage, les sentiments et les aspirations des populations rurales ; à ce titre serai-je entendu de mes frères en prolétariat ?

Electeurs compagnards, le moment est venu de faire acte de citoyens, il est temps de vous occuper d'affaires qui vous concernent plus que vous ne pensez.

Permettez-moi de vous citer un tout petit exemple :

Un négociant vient vous acheter vos denrées ou vous vendre des marchandises, et, dans le compte qui vous est fait par lui, il vous paraît qu'il y a erreur, à qui vous adresserez-vous pour en faire la vérification ? Sera-ce à son commis ou à son associé ? Vous êtes trop prudents pour cela, vous soupçonneriez une entente ; vous vous adresserez donc à l'instituteur de votre pays ou à tout autre de vos amis que vous saurez capable ; vous le prierez de relever l'erreur et ferez votre réclamation au négociant.

Autre exemple : Vous êtes fermier d'un domaine quelconque : à la fin de votre bail vous réglez vos comptes avec le propriétaire, mais vous êtes en désaccord sur l'estimation du capital en bestiaux, outils, ustensiles, etc. ; il s'agit de nommer des experts ; le propriétaire choisit le sien et, de plus, vous engage à choisir M. Tel pour le vôtre, sous prétexte que lui, connaît mieux celui qui vous convient. Je suis plus que certain que vous ne l'accepteriez pas ; je vais plus loin et je dis que si vous aviez déjà songé à lui ; pour toute sécurité, vous vous garderez bien de maintenir votre choix primitif.

Eh ! bien, il en est de même quand vous êtes appelés à nommer des députés, des conseillers généraux, d'arrondissement ou municipaux. Pourquoi n'agiriez-vous pas de la même façon ?

Vous n'avez peut-être jamais réfléchi que ce sont les députés qui votent le budget, sur lequel reposent les impôts, que ce sont encore les députés qui votent l'impôt du sang, c'est-à-dire le nombre d'enfants qu'on doit enlever à votre affection.

Les députés c'est le seul contre-poids que vous puissiez donner au gouvernement de votre pays.

Si vous nommez le candidat qui vous est recommandé par M. le Préfet, M. le Maire, M. le Juge de Paix, MM. les gendarmes, M. le garde-champêtre, ou tous autres attachés à l'Administration, il est évident que vous vous trouverez dans le même cas des exemples que je viens de vous citer. Sans contester en rien l'honorabilité du candidat patronné vous risquez de vous confier à un mandataire qui n'osera présenter aucune observation ; quel que soit le chiffre du budget il le votera, quel que soit le nombre de conscrits qu'on lui demandera il le votera.

Il est vrai que vous ne connaîtrez peut-être pas mieux le candidat opposant mais du moins vous courez la chance de bien rencontrer, toutefois, s'il en était autrement, vous auriez rempli votre devoir ; votre mandataire seul serait responsable de sa conduite. Dans tous les cas il vous offrira plus de garanties d'indépendance, il n'aura pas comme le premier à se montrer docile en remerciement du patronage officiel.

Si le gouvernement n'y a aucun intérêt, pourquoi tient-il tant à faire passer les candidats qu'il vous présente ?

Et s'il y a un intérêt quelconque, est-ce bien sûr que cet intérêt soit en rapport avec les vôtres à vous ?

Il me semble que c'est clair et qu'il n'est pas besoin de faire de plus longs discours pour démontrer, même aux plus simples, la ligne de conduite qu'ils doivent tenir.

Tant que l'état de choses actuel existera, tant qu'il y aura un serment préalable, tant qu'il y aura des candidats officiels, tant qu'un système d'intimidation présidera aux élections, la franchise du suffrage ne sera qu'illusoire, il y aura urgence de s'en rapporter aux comités indépendants qui se formeront et à agir d'ensemble.

Electeurs campagnards, qu'aucune menace ne vous trouble ! vous êtes dans votre droit quand vous votez suivant votre conscience et nul n'a rien à vous dire ni à vous reprocher. Ne vous laissez pas prendre au piège grossier de promesses presque toujours trompeuses, les améliorations qui vous sont promises, si elles doivent se réaliser, ne peuvent être empêchées par rien, c'est le cours forcé des choses qui les amène.

Songez surtout qu'un grand devoir pèse sur vous, que vous avez à faire acte de citoyens, que vous avez à vous prononcer sur les affaires de votre pays, et que, si vous désertiez votre devoir, une lourde responsabilité pèserait sur vous : *Vos enfants auraient le droit de vous accuser de trahison !*

A l'urne donc, sans hésitation, sans peur et sans faiblesse, surveillez les opérations, c'est encore votre droit, et dénoncez tout ce qui ressemblerait à une irrégularité.

# RÉSUMÉ

1. Le suffrage universel c'est la souveraineté nationale , c'est la promotion du citoyen au grade d'Homme d'Etat.

2. Pour en assurer la franchise et la sincérité dans l'application, il faut enseigner aux électeurs leurs droits et leurs devoirs.

3. Puisque le Pouvoir persiste à présenter et appuyer des candidatures il est du devoir des citoyens de s'entendre, de se concerter entre eux, dans toute la mesure que la loi permet.

4. Dans les grands centres les citoyens devraient former, quartier par quartier, des comités permanents ; chaque comité déléguerait un de ses membres pour former un comité central (1). De cette façon, quand les élections se présenteraient on ne serait pas pris au dépourvu.

5. Il est du devoir des citoyens , tant qu'il y aura des candidatures officielles, de suivre le mot d'ordre des comités.

6. Pour que les comités dont il est parlé plus haut aient autorité, il convient qu'ils s'assurent l'assentiment de la population de leurs quartiers respectifs.

7. Le vote d'ensemble, en dépit des répugnances de noms, est la plaidoirie la plus éloquente contre les candidatures officielles, il conclut à leur abandon.

Que ceux qui n'en veulent plus l'expriment.

8. Dans les campagnes l'entente est bien plus difficile. Le seul moyen à portée pour y faire pénétrer un peu de dévouement et de courage civique, c'est d'y apporter quelque lumière.

(1) Pendant la période électorale, s'entend.

9. Aux populations rurales, il ne faut ni longues phrases, ni longs discours, il leur faut des exemples ou des faits concluants. Ainsi on pourrait leur adresser les questions suivantes :

Pourquoi, en vertu du suffrage soi-disant universel, ne nommez-vous point votre maire et votre instituteur communal ?

Ne vous croyant pas aptes à bien choisir ces deux fonctionnaires, que vous voyez pourtant tous les jours, comment vous juge-t-on plus capables de choisir un député, que vous ne connaissez que par des professions de foi que vous ne lisez peut-être pas ?

Je parie que vous vous dites souvent en vous-même que vous sauriez encore mieux choisir votre maire ? et l'instituteur communal, celui qui tient l'avenir intellectuel de vos enfants, ne le choisiriez-vous pas mieux que n'importe qui ?

Enfin pourquoi, puisque l'on veut que vous nommiez des députés, a-t-on si grand soin de vous recommander le candidat ? Ne soupçonnez-vous rien là-dessous ?

Supposez un instant que notre gouvernement éprouve le besoin de déclarer la guerre à un voisin quelconque, pour cela il lui faut de l'argent et des hommes. Il présente au corps législatif un projet de loi demandant une levée de 140,000 hommes et un emprunt de 7 à 800 millons. Les députés complaisants, que vous aurez nommés sous la recommandation du maire ou du préfet, voteront la loi avec un ensemble parfait. Après cela vous vous étonnerez qu'on vienne vous enlever vos enfants pour en faire des soldats, vous vous étonnerez de voir augmenter les impôts, vous ne pensiez peut-être pas que l'emprunt ne pouvait être payé que par l'impôt. Voilà, citoyens, l'œuvre des députés.

Il est vrai que le candidat officiel avait promis monts et merveilles, des ponts, des fontaines, des routes, peu s'en est fallu qu'il n'ait promis des cailles toutes rôties à perpétuité. De toutes ces belles promesses qu'advient-il ? Vous n'entendez plus seulement parler de lui. A la chambre, fidèle à son rôle de canard muet, il ne souffle pas le mot, mais en revanche il vote bien....

Maintenant pensez-vous avoir le droit de vous plaindre ? Pas le moins du monde. Le pouvoir s'en lave les mains. Il a le droit de dire que la guerre c'est le pays qui l'a voulue, puisque les mandataires de la nation l'on votée ou y ont adhéré après le fait accompli ; les impôts surchargés, c'est encore le pays qui les a voulus ainsi puisque ses députés ont voté l'emprunt.

Je termine en deux mots :

Le candidat indépendant, c'est le contrôle.

Le candidat officiel c'est une approbation pleine et entière des actes bons ou mauvais du gouvernement.

En écrivant les lignes qui précèdent, je n'ai eu pour but que de prêcher le ralliement, je ne demande d'autre récompense à mes efforts que celle d'avoir été entendu et d'avoir ainsi rendu service à mes contemporains.

J.-A. TARDIF.

Marseille. — IMPRIMERIE COMMER. F. CANQUOIN, rue Venture, 10.

www.ingramcontent.com/pod-product-compliance
Lightning Source LLC
Chambersburg PA
CBHW060733280326
41933CB00013B/2626